DÄNEMARK
NORDSEE
Esbjerg
Odense
Sylt
Föhr
Flensburg
Husum
Rendsburg
Helgoland
Kiel
Neumünster
Cuxhaven
Wilhelmshaven
Bremerhaven
Hamburg
Emden
Bremen
Oldenburg
Soltau
Peter Kast, Ing.-Büro für Kartografie, Schwerin
NORDSEE
Nordfriesische Inseln
List
Sylt
Wenningstedt-
Braderup
WESTERLAND
Sylt-Ost
-Horsbüll
Emmelsbüll-
NIEBÜLL
Föhr
WYK auf Föhr
Amrum
Nationalpark
Langeneß
Gröde-Appelland
Halligen
Hooge
Japsand
Norderoogsand
Pellworm
Pellworm
Schleswig-
Nordstrand
Nordstrand
Süderoogsand
HUSUM
Schobüll
Eiderstedt
GARDING
TÖNNING
Sankt Peter-Ording
Holsteinisches
Helgoland
Wattenmeer
Trischen
Meldorfer Bucht
DEUTSCHE BUCHT
Scharhörn
Nationalpark Hamburgisches Wattenmeer
Neuwerk
Nationalpark Niedersächsisches Wattenmeer
Großer Knechtsand
CUXHAVEN
ELBE
Niedersachsen
0 10 20 km
Bredebro
Løgumkloster
Rødebro
Aabenraa
Aabenraa Fjord
Varnæs
Hjordkær
DÄNEMARK
Visby
Højer
Tønder
Bolderslev
Stubbæk
Tinglev
Kliplev
Gråsten
Vida
Neukirchen
Süderlügum
Ladelund
Raststätte Frøslev
Bov
Kruså
Flensburger Förde
Harrislee
GLÜCKSBURG
Förde
FLENSBURG
Wees
Munkbrarup
Achtrup
Leck
-Lindholm
Schafflund
Handewitt
Risum-
-Sande
Enge-
Stadum
Großenwiehe
Jarplund-Weding
Hürup
Sörup
Langenhorn
Lindewitt
Freienwill
Oeversee
Großsolt
Satrup
Wanderup
Tarp
Jerrishoe
Sieverstedt
Bordelum
Eggebek
Langstedt
Angeln
BREDSTEDT
Drelsdorf
Bollingstedt
Böklund
Breklum
Tolk
Viöl
Lürschau
Neuberend
Jübek
Silberstedt
SCHLESWIG
Hattstedt
Wester-Ohrstedt
Schlei
Treia
Schuby
Fahrdorf
Mildstedt
Ostenfeld
Dannewerk
Busdorf
Groß Rheide
Rantrum
Hollingstedt
Brekendorf
Kropp
Schwabstedt
Treene
Oldenswort
FRIEDRICHSTADT
Owschlag
Raststätte Hüttener Berge
Süderstapel
Lehe
Erfde
RENDSBURG
Lunden
Fockbek
Hohn
Eider
Hennstedt
Eider
Nübbel
Neuenkirchen
Weddingstedt
Pahlen
Elsdorf-Westermühlen
Schülp
Jevenstedt
Tellingstedt
Hamdorf
WESSELBUREN
Wesseln
HEIDE
Breiholz
Lohe-Rickelshof
Nordhastedt
Nord-Ostsee-Kanal
Albersdorf
Wöhrden
Hemmingstedt
Todenbüttel
Büsum
Nindorf
Hanerau-Hademarschen
Schafstedt
Hohenwestedt
MELDORF
Schenefeld
Hochdonn
Wacken
Dithmarschen
Sankt Michaelisdonn
Vaale
Hohenaspe
Friedrichskoog
Burg
Hohenlockstedt
Buchholz
Oldendorf
ITZEHOE
MARNE
WILSTER
Oelixdorf
Eddelak
Heiligenstedten
Stör
Münsterdorf
Breitenburg
BRUNSBÜTTEL
Krempermoor
Lägerdorf
Kremperheide
Brokdorf
Dägeling
Wewelsfleth
KREMPE

Die Nordseeküste
Schleswig-Holsteins

KLAUS-JOACHIM LORENZEN-SCHMIDT (Text)
THOMAS GRUNDNER (Fotos)

HINSTORFF

Strand bei Norddorf, Insel Amrum

Strand bei Rantum, Insel Sylt

Morsum-Kliff, Insel Sylt

Insel Amrum, Strand

Krabbenfischer

Öömrang Hüs in Nebel, Insel Amrum

Reetdachhaus, St. Peter-Ording

EUROPA
EUROPA

Jede abgrenzbare Landschaft hat etwas Unverwechselbares. Auch die schleswig-holsteinische Westküste kann dies in mehrfacher Hinsicht für sich beanspruchen. Selbst wenn es mehrere Küstenlandschaften, selbst wenn es auch sonst Landgewinnung, Inseln, Flussmündungen, Deiche, Städte an Küsten in Deutschland gibt – in Schleswig-Holstein ist vieles anders. Was nicht heißen soll: schöner oder beeindruckender, sondern einfach nur anders. Allerdings wird von vielen Menschen, die diese Region immer wieder als Feriengäste besuchen, aber auch von den meisten Ortsansässigen (»Wir wohnen da, wo andere Urlaub machen!«) ihre besondere Schönheit betont.

Dithmarschen

Bauernrepublik Dithmarschen

Wer heute an den gewaltigen Schleusen des Nord-Ostsee-Kanals zur Elbmündung und Nordsee hin steht, bemerkt höchstwahrscheinlich nicht, dass er sich auf einer alten Landesgrenze befindet. Denn der südwestliche Teil dieser künstlichen Schifffahrtsstraße, die 1895 nach achtjähriger Bauzeit als »Kaiser-Wilhelm-Kanal« in Betrieb genommen wurde, verläuft durch eine alte Fluss- und Sumpfniederung, die bis 1559 einen Teil der Grenze zwischen der Bauernrepublik Dithmarschen und dem Herzogtum Holstein bildete. Nach der im Anschluss an die Völkerwanderungszeit um 500 erfolgten Besiedlung des südwestlichen Teils des Bundeslandes Schleswig-Holstein durch von Süden her vordringende Sachsen bildeten sich drei Gaue: im Norden der Holstengau (von Holtsaten – die im Wald wohnen), im Osten der Stormarngau (von Sturmimannen – die Vorwärtsstürmenden) und ganz im Westen der Dithmarschengau (von thiet mares – dem großen Wasser). Das an die Unterelbe nördlich anschließende Gebiet wurde zur Zeit Karls des Großen (um 800) in das Frankenreich eingegliedert und allmählich christianisiert. Die beiden östlichen Gaue (Holstein und Stormarn) kamen im Verlauf der Geschichte unter die Herrschaft eines Grafengeschlechtes. Sie hatten dann zusammen mit dem östlichen Holstein eine gemeinsame Geschichte. Denn in Ostholstein und dem heutigen Lauenburg siedelten um 1100 Slawen (Obodriten und Polaben), die im 12. Jahrhundert unterworfen wurden. Hingegen herrschten in Dithmarschen die Grafen von Stade (im nördlichen Niedersachsen), bis 1144 Graf Rudolf von den über Abgabenforderungen erbosten Dithmarschern in der Bökelnburg (in Burg) erschlagen wurde. Dithmarschen kam dann unter die lockere Herrschaft der Erzbischöfe von Bremen und blieb es bis zum Ende des Mittelalters.

Die ferne Herrschaft, die zunächst durch ritterliche Vögte im Namen des Erzbischofs ausgeübt wurde, ließ Dithmarschen einen Sonderweg gehen. Das Land entwickelte sich in einem langwierigen Prozess zu einer Art Republik. Feudale Herrschaft war weit entfernt und kümmerte sich re-

Brunsbüttel, Nord-Ostsee-Kanal

Seiten 14/15: Nord-Ostsee-Kanal

lativ wenig um das Gebiet. Die lokalen Vertreter der Herrschaft wurden in die Bauerngesellschaft assimiliert oder wanderten ab. Neben der Herausbildung von sippengebundenen Gemeinden kam es zur Bildung von Großgemeinden auf der Ebene der Kirchspiele. Erst im 15. Jahrhundert schufen sich die Kirchspiele eine übergeordnete Regierung, indem sie einen das Land umfassenden Rat wählten. So entstanden die Achtundvierziger, die nun versuchten, Frieden zu wahren, die Blutrache zu bekämpfen und eine Vertretung den auswärtigen Mächten gegenüber zu organisieren. Hauptort des Landes wurde nicht die einzige Stadt Dithmarschens – Meldorf –, sondern ein neutraler Ort auf der Heide, aus dem später der gleichnamige Ort (seit 1890 Stadt) entstand.

Die benachbarten Mächte sahen die Dithmarscher Entwicklung mit Unbehagen. Land brauchte nach der Doktrin des Feudalismus einen Herren. Und besiedeltes Land war immer auch eine potentielle Einnahmequelle für einen Herren. So hatten die Grafen von Holstein schon länger ein Auge auf Dithmarschen geworfen. In verschiedenen Heerzügen versuchten sie, das Land zu unterwerfen. In der Schlacht bei Hemmingstedt wurde 1500 das Ritterheer von den Dithmarschern aufgerieben. Ein großes Denkmal auf der Dusendüwelswarft bei Hemmingstedt erinnert an dieses Ereignis. Der gewaltige Findling auf vier Säulen trägt die Inschrift »Wahr di Garr, de Bur de kumt«. Das bezieht sich auf die Legende von dem dünkelhaften Ruf der von den hol-

Denkmal auf der Dusendüwelswarft

steinischen Fürsten angeworbenen Söldner der sogenannten Großen oder Schwarzen Garde »Wahr di Bur, de Garr de kumt!« (Hüte Dich Bauer, die Garde kommt!), der dann im Schlachtgetümmel umgekehrt wurde. Dieser Sieg der Bauernrepublik über ein nach damaligen Maßstäben modernes Heer machte in Europa Furore – und lässt Parallelen zu den Siegen der Schweizer über Fürstenmacht ziehen.

Doch 59 Jahre später war es dann mit der Dithmarscher Freiheit vorbei. Ein wohlgerüstetes Heer der holsteinischen und schleswigschen Landesherren vermied die Fehler der Vorgänger und unterwarf das Land binnen weniger Tage.

Geest, Marsch und Moore

Die ursprüngliche Besiedlung Dithmarschens nach 500 erfolgte ausschließlich auf dem Gebiet der Geest. Die Geest ist das Land, das seine Oberflächenform im Verlauf der vorletzten und letzten Eiszeit (240 000 – 10 000 v. Chr.) erhielt. Die vorletzte Eiszeit schuf durch Vorstöße und Rückzüge der Gletscher Aufstauchungen (Moränen), die durch Überformungen der letzten Eiszeit abgeschliffen wurden. So entstanden die kuppigen Gebiete im Osten des Landes um Albersdorf und Tellingstedt, die etwas übertrieben als »Dithmarscher Schweiz« bezeichnet werden. Durch das Abschmelzen der Gletscher der jüngsten Vereisung wurde viel Sand ausgeschwemmt, das sich in flachen Sanderebenen zwischen den Erhebungen ablagerte. Während das Altmoränengebiet durch tonige und lehmige Einlagerungen relativ fruchtbar ist, bieten die Sanderflächen nur geringe landwirtschaftliche Möglichkeiten.

Aber vor der Geestküste bildeten sich in den flachen Nordseeküstengewässern durch Änderungen der Meereshöhen und Ablagerung von Sinkstoffen zunächst seit etwa 9000 v. Chr. Watten, dann Marschen. Watten sind schlickige Ablagerungen, die noch ganz dem Meer zuzuordnen sind. Hier herrscht das Salzwasser, und die Tier- und Pflanzenwelt ist noch vollständig diesem Lebensraum verbunden. Erst wenn eine gewisse Höhe der Verschlickung erreicht ist, dringen vom Geestrand her Pflanzen vor, die sowohl im Süßwasser wie in Salzwasser gedeihen (z. B. Queller, Reet). Durch ihre Verwurzelung wird der Schlick gebunden und versüßt, so dass weitere Süßwasserpflanzen vordringen können. Allmählich wird das Watt landfest, begehbar – und damit auch eine Weidefläche für Tiere. Etwa seit Christi Geburt ließen sich Siedler in der Marsch nieder. Mit dem erneuten Anstieg des Meeresspiegels bis etwa 600 n. Chr. mussten sie ihre Flachsiedlungen aufhöhen, um dem Wasser nicht ausgesetzt zu sein. Es entstanden frühe Wurten oder Warften – Erdhügel, auf denen die Wohn-Wirtschaftsgebäude stehen. Namen verweisen deutlich auf ihre Herkunft als Wurtsiedlungen, die in Dithmarschen gern im Verband mehrerer verbundener Familien errichtet wurden, z. B. Wennemannswurt, Busenwurt oder einfach Wöhrden. Seit etwa 1000 n. Chr. umgab man größere Flächen mit Erddämmen, die auch das Salzwasser höherer Fluten von dem landwirtschaftlich genutzten Land fernhalten sollten. Wer aber Deiche baut, muss sich auch um die Entwässerung kümmern, denn es fließen von der Geest Oberflächenwässer nach, und im regenreichen Küstengebiet muss auch das

Niederschlagswasser abgeführt werden. Die Durchlässe für das abzuführende Wasser, dessen Lauf man durch gradlinige Entwässerungsgräben zu beschleunigen suchte, hatten verschließbar zu sein, um ein Eindringen des Seewassers zu verhindern. Es wurden Schleusen gebaut, die sich bei Ebbe (Rückzug des Meerwassers) öffnen, um das Ausfließen des Süßwassers zu ermöglichen, und bei Flut (Vordringen des Meerwassers) selbsttätig schließen.

Die Besiedlung Dithmarschens schob sich also im Hochmittelalter entschieden nach Westen, gegen die Nordsee, vor. Doch auch die großen Moore wurden bewohnbar gemacht. Sie finden sich insbesondere auf der Geest und am Geestrand – dort, wo sich im Schatten der Donns (Strandwälle) Brack- und Süßwasserbiotope bildeten. Diese alte Strandwallkette zieht sich von Süden (Dinger Donn, St. Michaelisdonn) bis Meldorf und nördlich Heide von Wittenwurth bis Lehe.

Kirchorte

Prähistorische Kerne der in sich geschlossenen Landschaft Dithmarschen sind die beiden sächsischen Ringwälle bei Stelle (Steller Burg) und in Burg (Bökelnburg = Buchenburg). Man darf sich diese Fluchtburgen in sächsischer Zeit nicht als Herrensitze vorstellen, sondern als in Kriegszeiten bemannte und in ihrem Inneren Fluchtraum bietende Schutzbauten.

Mit der Christianisierung gewannen die Kirchorte zentrale Bedeutung. Das Stammesgebiet wurde in Kirchspiele

Kohlernte bei Marne

aufgeteilt. Zunächst war Meldorf die einzige Kirche, doch schon bald gingen von hier weitere Kirchengründungen aus. Mehrere Siedlungen (Dörfer oder Bauerschaften) bilden ein Kirchspiel (das Wort kommt von dem Wort »spel« für Gerede, Besprechung). Noch heute heißen hier die politischen Kommunen »Kirchspiellandgemeinden«. Das Kirchspiel ist also nicht nur seelsorgerischer Bezirk, sondern auch (Selbst-) Verwaltungseinheit. Mehrere Kirchspiele waren zu einer Döfft zusammengefasst: Es gab die Westerdöfft um Wesselburen, die Osterdöfft um Tellingstedt, die Mitteldöfft zwischen den beiden erstgenannten, die Meldorfer Döfft und die Süder oder Südstrander Döfft.

Kirchorte waren in Dithmarschen die Zentralorte. Mit Meldorf wies die Landschaft eine mit Stadtrecht (1265 zuerst als Stadt erwähnt) versehene Siedlung auf. Sie lag an der schiffbaren Miele am westlichen Geestrand und hatte sicher – betont durch die weithin sichtbare St. Johannis-Kirche, den »Meldorfer Dom« – eine wichtige Mittelpunktfunktion. Auch wenn der Ort nach der Niederlage der Bauernrepublik 1559 sein Stadtrecht verlor, blieb er doch bedeutsam.

Gewissermaßen ihm als Geestrandort zugeordnet ist der Marschkirchort Marne, der nun wieder für die vor ihm anwachsenden Ländereien und neu geschaffenen Köge zentralörtliche Funktionen übernahm. Kronprinzenkoog (1785–1787), Friedrichskoog (1853–1854), Kaiser-Wilhelm-Koog (1873), Auguste-Viktoria-Koog (1899–1900),

Bürgerhaus des frühen 16. Jahrhunderts in Meldorf

Neufelderkoog (1924) und Dieksander Koog (1933–1935) ließen Marne immer stärker in das Landesinnere rücken.

Meldorf musste seinen Rang als Mittelpunkt des Landes schon im 15. Jahrhundert an das aus dem Nichts entstandene Heide abgeben, das seit 1447 der zentrale Versammlungsplatz der Bauernrepublik wurde. Hier errichtete man um 1460 die St. Jürgenskapelle, die dann Zentrum eines eigenen Kirchspiels wurde. Ähnlich wie Marne dem alten Hauptort Meldorf zuzuordnen ist, besaß Heide in Wesselburen sein Marschpendant. Auch hier schob sich durch Köge das Land weiter in das Meer vor.

Schließlich kam das erst in den Jahren 1585 bis 1609 landfest gewordene Büsum hinzu. Die ehemalige Insel besitzt eine ehrwürdige Kirche, die nach 1434 entstand und im Laufe der Jahrhunderte eine reichhaltige Ausstattung erhielt. Beschauliche Ruhe umfängt den Besucher, der die wenigen Schritte von der Hauptflaniermeile mit ihrer Geschäftigkeit nicht scheut. Die für Küstenkirchen typischen Votivschiffe, mit denen gütige Himmelsmächte zum Schutz der Seefahrenden bewegt werden sollten, finden sich auch hier.

Dithmarschens Gesicht wird auch heute durch die Landwirtschaft geprägt. Vor allem der Kohlbau in den norderdithmarscher Marschen ist augenfällig, doch spielen auch Getreidebau, Viehwirtschaft und an der Küste der Fischfang eine große Rolle. Die Städte wirken eher beschaulich – Industrie hat nur im äußersten Südosten (Raum Brunsbüttel) eine dominierende Größe erreicht.

Krabbenfang in der Nordsee

Museumshafen und Leuchtturm in Büsum

Friedrichskoog, Hafen mit Krabbenkuttern

159
128
272
200
170

Die Küstenlage macht das Land touristisch attraktiv. Vor allem Büsum und Friedrichskoog sind hier mit der Kombination von Küstensaum und Hafen zu nennen. Beide Orte sind durch Krabbenfang und -verarbeitung, die in Büsum seit etwa 1890 in großem Maßstab betrieben werden, bekannt geworden. Allerdings wurde das schöne Fischerdorf Friedrichskoog erst im Jahr 1935 angelegt. Die »frischen Büsumer Krabben« bereicherten erst seit Ende des 19. Jahrhunderts die Speisekarten der binnenländischen Städte und fanden als »crabbes frises« auch in Frankreich Absatz. Inzwischen hat sich der Fang auch weiter nach Norden ins Wattenmeer ausgebreitet; auch von Tönning laufen Krabbenkutter aus.

Doch bietet auch das ländliche Hinterland gestressten Großstädtern zahlreiche Möglichkeiten zur Erholung, zum Beispiel mit einem Urlaub auf dem Bauernhof. Das dörfliche Leben ist vielerorts noch intakt, auch wenn es hier (wie überall an der Westküste) an ganzjährigen Arbeitsplätzen mangelt.

Traditionspflege wird in Dithmarschen groß geschrieben. Teilweise auf das 16. Jahrhundert zurückgehende Feste wie in Heide werden durch moderne, sich aber altehrwürdig gebende Festivitäten (Heider Marktfrieden, Dithmarscher Kohltage) ergänzt. Übrigens ist Marne eine Karnevalshochburg im ansonsten dem närrischen Treiben abgeneigten Norden.

Büsum, Innenraum der St. Clemens-Kirche

Eiderstedt

Wer an der schleswig-holsteinischen Westküste von Süden nach Norden reist, muss irgendwann die Eider, den längsten Fluss des Landes, überqueren. Er stellt über weite Teile seines Laufes die Grenze zwischen Holstein im Süden und Schleswig im Norden dar. Historisch war die Eider bis 1867 die Grenze zwischen Deutschland und Dänemark. Schleswig (bis 1920 einschließlich dem heutigen Sønderjylland = Nordschleswig) gehörte in historischer Zeit immer zu Dänemark und wurde dort als ein Fürstentum behandelt. Doch durch die Einwanderung von Deutschstämmigen (Bürgertum, Adel) nach Süddänemark kam es zu einer Verschiebung. Insbesondere dem Streben der holsteinischen Grafen aus dem Geschlecht der Schaumburger nach Ausweitung ihres Herrschaftsgebietes ist es zu verdanken, dass Schleswig seit 1435 politisch mit Holstein verbunden wurde. Bereits 1459 starb der letzte Graf von Holstein und Herzog von Schleswig aus schaumburgischem Geschlecht kinderlos. Der einflussreiche Adel aus beiden Territorien wählte 1460 den dänischen König (einen Neffen des gerade verstorbenen Landesherren) zum Herzog von Schleswig und Grafen von Holstein. Erst 1867 wurde die Bindung an Dänemark durch die gewaltsame Inbesitznahme der Herzogtümer durch Preußen nach dem Deutsch-Dänischen (1864) sowie dem Preußisch-Österreichischen Krieg (1866) beendet. Schleswig-Holstein war nun eine preußische Provinz.

Nicht nur die Trennung in Schleswig und Holstein und deren Überwindung spielt historisch eine Rolle im nördlichsten Bundesland. Es gibt auch eine Differenzierung nach Volksstämmen. Während im frühen Mittelalter (500 bis 900 n.Chr.) im westlichen Holstein Sachsen, im östlichen Holstein Slawen siedelten, waren es im mittleren und östlichen Schleswig Jüten und Angeln, im westlichsten Schleswig Friesen, die später im Unterschied zu den Westfriesen in den Niederlanden und den Ostfriesen im nördlichen Niedersachsen als Nordfriesen bezeichnet wurden. Sie waren seit dem 7. Jahrhundert von See her eingewandert und hatten zunächst die Geestinseln und den Geestrand besiedelt, dann auch von der Marsch Besitz genommen. Dieses friesische Siedlungsgebiet wurde erst 1435 dem Herzogtum Schleswig zugeschlagen – nachdem sich die Friesen lange Zeit gegen die direkte Herrschaft der Schleswiger Landesherren gewehrt hatten. Die »friesische Freiheit«, die sich in dem Slogan »Lewer düar üs slaav« (lieber tot als Sklave) ausdrückt, spielt in dem Selbstverständnis der Nordfriesen eine große Rolle und lässt sie heute noch für ihre kulturelle Identität (eigene Sprache mit verschiedenen Dialekten) kämpfen. Das Nordfriesische ist als Minderheitensprache in Schleswig-Holstein anerkannt. Faktisch stellt die friesisch sprechende Bevölkerung nur noch einen kleinen Teil der Bewohner Nordfrieslands dar, weil zunächst das Platt-, dann das Hochdeutsche dominierend wurden. Die friesischen Trachten und das friesische Brauchtum, die heute den Touristen vorgeführt werden, sind weitgehend Festlegungen und Erfindungen des ausgehenden 19. und beginnenden 20. Jahrhunderts, als der Tourismus auf den Inseln einen ersten Höhepunkt erreichte.

Die Dreilande

Die alte Landschaft Eiderstedt gehört mit zu den friesischen Utlanden (Außenlanden). Diese Bezeichnung bezieht sich auf das Gebiet zwischen der festländischen Marsch und den Außensänden des Wattenmeeres, schließt also die Inseln und Halligen mit ein. Die Eiderstedter Halbinsel hat sich aus drei Inseln entwickelt: Eiderstedt, Everschop und Utholm. Erst gegen Ende des Mittelalters (1489) trieb man die Köge um diese Inseln soweit voran, dass sie an das Festland und die dortigen Köge Anschluss fanden. Seit dieser Zeit wurde Eiderstedt landfest. In älterer Zeit hieß das Gebiet deshalb die Dreilande.

Die Landschaft war vor allem durch Landwirtschaft geprägt, bot sich doch Getreidebau auf den überwiegend anzutreffenden Marschflächen an. Es gibt im Westen des Landes nur sehr wenige Geesteinschlüsse, bei denen der sandige Boden bis an die Oberfläche reicht. Das ist vor allem am äußersten Westende der Halbinsel der Fall, wo sich vor St. Peter-Ording große Sandflächen ausdehnen und für einen unvergleichlichen Strand sorgen. Dominierte der Ackerbau bis in des 19. Jahrhundert, so wurden danach mehr und mehr Flächen zu Dauergrünland, um Ochsenfettmast zu betreiben. Auf dem Husumer Magerviehmarkt kaufte man jütische Jungochsen und mästete sie in zwei Jahren auf den fetten Eiderstedter Weiden verkaufsfertig, um sie dann zu Schiff oder auf ihren eigenen Beinen in die Zentren des Konsums (Hamburg, Niederlande) zu bringen. In der Mitte des

Landschaft bei Westerhever

19. Jahrhunderts entwickelte sich Tönning zum bedeutendsten Viehexporthafen nach England.

In Eiderstedt finden sich besondere Bauernhöfe: die Hauberge. Es handelt sich um ein Relikt der zweiten niederländischen Einwanderung nach Holstein und Schleswig in der zweiten Hälfte des 16. Jahrhunderts. Damals verließen Bauern ihr durch den Unabhängigkeitskrieg gegen Spanien gebeuteltes Land. Sie ließen sich an verschiedenen Stellen an der Nordseeküste nieder – unter anderem in Eiderstedt. Ihr Haustyp unterscheidet sich von den schleswigschen und holsteinischen Bauernhaustypen; den Kern bildet ein sehr hohes Holzgerüst aus sechs Ständern, auf denen ein Rahmen ruht, der nun wieder die Dachsparren trägt. Dadurch wird im Zentrum des Gebäudes ein großer Lagerplatz für eingefahrene Getreidegarben geschaffen. Wohnraum, Viehstall und Dreschraum lagern sich um diesen »Berg«, der dem Haustyp den Namen gibt (Hauberg = Heuberg).

Die Niederländer brachten auch ihre Art der Herstellung von überaus lagerfähigen und auch in ferne Regionen verkaufbaren Fettkäsen mit, wozu die Ausweitung der Weideflächen betrieben werden musste. Die Eiderstedter Käseproduktion war im 17. und 18. Jahrhundert hochberühmt und brachte jährlich zigtausende Käselaibe auf den Markt.

Viele Kirchspiele – wenig Städte

Zwar ist Eiderstedt nicht besonders groß, aber es weist doch beträchtlich viele Kirchen und Kirchspiele auf, nämlich 18. Ursprünglich gab es die Hauptkirchen für jede der drei Inseln: Tönning für Eiderstedt, Tating für Utholm und Garding für Everschop. Alle weiteren Gotteshäuser entstanden als Folge der fortschreitenden Eindeichung, denn die kleinteilige Siedlungsstruktur, zudem noch durch zahlreiche Wasserläufe räumlich getrennt, machte eine jeweils eigenständige seelsorgerische Versorgung nötig. Alle Kirchen wurden kurz vor oder nach 1200 erbaut – ein deutlicher Hinweis auf die gesteigerte Landgewinnungsarbeit im ausgehenden hohen Mittelalter. Noch mittelalterlich sind im Wesentlichen die Sakralbauten von Kating, Koldenbüttel und Vollerwiek (Ende 12. Jh.), Oldenswort (Anfang des 13. Jh.), St. Peter (frühes 13. Jh.), Osterhever (1. Hälfte des 13. Jh.), Poppenbüll und Welt (14. Jh.), Tetenbüll (15. Jh.), Witzwort (1420), Kotzenbüll (1488 – 1495), Katharinenheerd (Anfang des 16. Jh.), während Ording (1724), Westerhever (1804) und Uelvesbüll (1854) Neubauten jüngerer Perioden darstellen.

Eiderstedt war eine städtelose Landschaft – wie überhaupt die ganze schleswig-holsteinische Westküste keine mittelalterlichen Städte (mit Ausnahme von Meldorf in Dithmarschen) aufweist. Erst am Ende des 16. Jahrhunderts erhob der Landesherr, Herzog Johann Adolf von Schleswig-Holstein-Gottorf, auf Drängen seines Stallers (des obersten Beamten in der Landschaft) Tönning und Garding zu Städten. Tönning war damals der bedeutendste Ort der Landschaft; 1581 – 1583 ließ der Landesherr hier sein (1735 wieder abgebrochenes) Schloss errichten. Es diente auch dem Staller als Amtssitz, obwohl er seit 1564 das Gut Hoyers-

Hafen von Tönning

TON55

wort (das einzige adlige Gut in Eiderstedt mit Herrenhaus von 1591 – 1594) besaß. Ab 1644 baute man Tönning zu einer Festung aus, die in der Folgezeit mehrfach Schauplatz kriegerischer Ereignisse werden sollte. Von den Festungsanlagen ist heute keine Spur mehr zu sehen. Erst die Fertigstellung des Eiderkanals 1784 (erster direkter Kanal zwischen Nord- und Ostsee), der den Unterlauf der Eider nutzte, brachte der Stadt einen Aufschwung in Handel und Schifffahrt. Während der Kontinentalsperre 1803 – 1806, die Dänemark nicht betraf, wurde der Hafen zum wichtigsten Umschlagort für den durch die Elbblockade abgeschnittenen Hamburger Warenverkehr. Für den richtigen Aufschwung sorgten jedoch ab 1840 die Viehexporte nach England, die bis 1889 währten. Mit dem Ende der Viehschifffahrtszeit wurde es in Tönning recht ruhig. Heute ist die Kleinstadt Sitz eines Bundeswasserstraßenamtes und des Nationalparkamtes Wattenmeer. Als Standort des Multimar-Wattenzentrums hat sie auch in touristischer Hinsicht einiges zu bieten. Zahlreiche Aquarien, Ausstellungen und Möglichkeiten zum Experimentieren führen hier auf anschauliche Weise in die Welt des Wattenmeeres ein.

Anders als Tönning hat Garding kaum einen städtischen Charakter herausgebildet. Trotz der Anlage eines Schifffahrtkanals zur Eider, der sogenannten Süderbootfahrt, konnte die Kleinstadt keinerlei überregionale Handelsbedeutung erlangen. Auch Anschluss an Chaussee (1849) und Eisenbahn (1892) blieben ohne wirtschaftlich belebende Folgen. Wie auch das weitere Umland lebt Garding im Wesentlichen vom Fremdenverkehr in den Sommermonaten.

Sankt Peter-Ording

Zwei Kirchspiele im äußersten Westen der Halbinsel Eiderstedt bilden heute die Gemeinde St. Peter-Ording. Sie ist der Vorreiter des Tourismus in der Region. Schon 1837 kamen die ersten Badegäste, doch erst 1877 wurde hier ein Strandhotel gebaut, das dann für regelmäßigen Besucherverkehr sorgte. Der Fremdenverkehr war ein Segen für diese Ecke des Landes, denn vor der Marsch mit ihren ertragreichen Böden hatte sich eine breite Sandbank aus einer untergegangenen Geestinsel im nordfriesischen Wattenmeer angelagert; hinzu kamen Dünen. Der Sandflug machte Landwirtschaft hier unergiebig. Gerade der zwölf Kilometer lange und bis zu zwei Kilometern breite Sandstrand aber sollte sich als der touristische Anziehungspunkt erweisen – und er ist es auch heute noch. Nach der von Hamburg aus betriebenen Gründung des Seehospizes »Köhlbrand« 1911 siedelten sich viele Kindererholungsheime an. Die Gemeinde – ehemals das Armenhaus Eiderstedts – wurde allmählich zu einem modernen Seebad und machte bald nach seinen Gästezahlen gerechnet Westerland auf Sylt den ersten Rang unter den Urlauberzentren streitig. Auch deshalb wurde 1932 die Eisenbahnlinie Husum – Garding bis hierher verlängert. Heute ist St. Peter-Ording eine rein auf Tourismus ausgerichtete Gemeinde. Immer wieder flammt die Debatte um die Nutzung des sehr breiten, mit dem Festland längst verbundenen Sandstrandes auf, den auch die in Pfahlbauten untergebrachten Restaurants prägen: Soll er von Autos be-

Wattenmeer bei Büsum

St. Peter-Ording, Pfahlbau-Restaurant

Am Strand von St. Peter-Ording

fahren werden? Tourismus wird stets von widerstreitenden Interessen begleitet sein: Die vom Fremdenverkehr Lebenden wollen möglichst viele Touristen, die Touristen suchen oft die besonderen Plätze für das abgeschiedene Ferienglück. Das ist in St. Peter-Ording besonders gut zu spüren.

Einige Kilometer nördlich steht ein Bauwerk, das längst zu einem der Wahrzeichen der Nordseeküste geworden ist: der Westerhever Leuchtturm. Er ragt, auf einer Warft errichtet und flankiert durch zwei früher den Leuchtturmwärtern dienende Häuser, seit 1907 gut 40 Meter aus der umgebenden flachen Landschaft heraus.

Eidersperrwerk

Die einst in ihrem Unterlauf mächtige Eider, Grenze zwischen Schleswig und Holstein, ist seit 1973 durch ein Sperrwerk zu regulieren. Der Purrenstrom, wie die lange Mündungszone heißt, wurde mit einem mutigen Bauwerk durchzogen und dadurch eine riesige Fläche am Fluss den Gefahren von Sturmfluten entzogen. Starke menschliche Eingriffe wie der Bau des Eider- und des Gieselaukanals hatten die Tidegrenze und das Eindringen des Flutwassers immer weiter nach Osten verschoben. Als 1935 bei einer Flut die Stadt Rendsburg bis zu 1,8 Meter unter Wasser gesetzt wurde, schuf man nördlich von Friedrichstadt eine Abdämmung. Diese führte aber zu erheblichen Entwässerungsproblemen. Nach der Sturmflut im Februar 1962 wurde der Generalplan Küstenschutz zur Sicherung der schleswig-holsteinischen Westküste entworfen. Im Zuge der Sicherungsmaßnahmen kam es zum Bau des gewaltigen Sperrwerkes. Man baute einen 4,8 Kilometer langen Damm mit Straßentunnel und Schifffahrtsschleuse von Vollerwiek in Eiderstedt zum Hundeknöll in Norderdithmarschen. Fünf riesige Hubtore lassen den Durchfluss des Wassers regulieren, so dass sowohl Entwässerung als auch Hochwasserschutz perfekt funktionieren. 62 Kilometer Deichlinie wurden durch dieses 170 Millionen DM teure Bauwerk eingespart – eine beachtliche ingenieurtechnische Meisterleistung!

Westerhever Leuchtturm und Hauberg

Nationalpark Wattenmeer

Aufgrund der stärkeren Berücksichtigung des Naturschutzgedankens in den 80er Jahren des vergangenen Jahrhunderts begann man, auf Eiderstedt einzelne Flächen, die als Lebens- und Brutraum bedrohter Vogelarten bekannt waren, unter Schutz zu stellen. Bereits 1985 erklärte der Gesetzgeber weite Flächen nicht nur auf der Halbinsel zum Nationalpark schleswig-holsteinisches Wattenmeer, der 1990 von der UNESCO als Biosphärenreservat anerkannt wurde. Die einzigartige Tier- und Pflanzenwelt dieses Gebietes soll damit auf Dauer erhalten werden. Nicht unumstritten sind Planungen zur Ausweitung des Naturschutzes, weil sie im Gegensatz zu den Interessen der betroffenen Landwirte stehen. Auch die Fischerei sieht sich beeinträchtigt. Immerhin bietet der Nationalpark für sanften Tourismus weite Möglichkeiten. Nicht nur das Multimar-Wattenforum in Tön-

Café Hinrichs
TREENEFAHRTEN

ning verschafft tiefere Einblicke in das Zusammenspiel der Naturkräfte und das Eingreifen seitens der Menschen, auch die Museen der Region (vor allem das Nissenhaus Husum) widmen sich umfassend der besonderen Situation des Küstenraums.

Friedrichstadt

Unweit Eiderstedt liegt die kleine »Holländerstadt« Friedrichstadt. Ihr Grundriss mit den rechteckigen Baublöcken und dem Grachtensystem verrät eine frühneuzeitliche Gründung. Und tatsächlich wurde die Stadt auf dem Reißbrett konzipiert: Herzog Friedrich III. von Schleswig-Holstein-Gottorf wollte sich einen Nordseehafen schaffen – vor allem, um sein ehrgeiziges Ost-West-Handelsprojekt zu realisieren. Seine Idee war es, Waren aus dem Mittleren Osten und Ostasien über Russland, die Ostsee und die schleswigsche Landenge nach Westeuropa zu bringen. Dazu verwirklichte er unter anderem ab 1621 das Projekt Friedrichstadt am Zusammenfluss von Eider und Treene, wobei er vor allem auf niederländische Glaubensflüchtlinge zurückgreifen konnte, die sich hier einen Ort nach ihren Vorstellungen schufen. Die Garantie freier Religionsausübung brachte einen Zustrom von Mennoniten, Juden, Quäkern und Katholiken, so dass die Stadt zu einer religiösen Freistatt wurde. Die weit reichenden Pläne des Fürsten zerschlugen sich, doch Friedrichstadt blieb als Handelsplatz erhalten. Trotz Zerstörungen während des Sezessionskrieges zwischen Schleswig-Holstein und Dänemark im Jahr 1850 und der Gründung kleiner Industriebetriebe (Getreidemühlen, Düngemittelfabrik) hat sich die Stadt ihr idyllisches Gepräge bewahrt. Mit ihrem auf 392 Hektar Stadtfläche verteilten einzigartigen Ensemble historischen Baubestandes ist sie zu einem großen touristischen Anziehungspunkt geworden.

Friedrichstadt

Das nordfriesische Festland

Nördlich an Eiderstedt schließt das nordfriesische Festland an. Auch der nördliche Teil der Westküste Schleswig-Holsteins ist durch den landschaftlichen Gegensatz zwischen der hochgelegenen Geest als Resultat der vorletzten und letzten Eiszeit und der Marsch als niedrig gelegenem, nacheiszeitlichem Anwachsland bestimmt. Dabei reicht der heutige Landkreis Nordfriesland viel weiter auf die Geest, als es das Siedlungsgebiet der Nordfriesen jemals tat. Die Friesen erreichten die schleswigsche Westküste im 7. Jahrhundert und besiedelten zunächst die hochgelegenen Geestränder und auch die Geestinseln. Die vorher hier bestimmende jütisch-dänische Bevölkerung musste der massiven Einwanderung der Friesen nachgeben.

Erst später wurde mit der Kolonisierung der Marschgebiete begonnen, die sich auch hier koogweise vollzog, das heißt: Kulturreifes Anwachsland wurde von Siedlern mit

Deichen umgeben und mit Hilfe von Entwässerungsanlagen nutzbar gemacht – ein Vorgang, den die zweite friesische Einwanderungswelle im 11. Jahrhundert beschleunigte, denn man brauchte Land für mehr Menschen. So schob sich im hohen Mittelalter die Siedlungsgrenze gegen das Wattenmeer vor. Nur bei Schobüll nördlich von Husum hat sich an einer Stelle die Geeststeilküste erhalten. Rückschlägen im Spätmittelalter folgte im 16. Jahrhundert eine Reihe von großen Bedeichungsprojekten, so etwa 1544 der Darrigbüll- und der Leglichheitskoog, 1547 der Störtewerker Koog, ab 1562 der Wiedingsharder Gotteskoog, der Bökingharder Koog und der Karrharder Gotteskoog. Sie wurden im 17., 18. und 19. Jahrhundert fortgesetzt, um dann in der zweiten Hälfte des 20. Jahrhunderts beendet zu werden. Die große Sturmflut von 1634 betraf zwar auch das Festland, zerstörte jedoch in erster Linie die große Insel Strand. Die nordfriesische Marsch ist immer wieder durch Sturmfluten bedroht worden. Dennoch haben die Menschen hier nie aufgegeben, ihren dem Meer abgerungenen Siedlungsraum zu verteidigen und zu sichern – zu ertragreich war die Landwirtschaft im Schutz der Deiche.

Nordfriesland ist ein Gebiet, das in historischer Zeit zwei Wirtschaftsweisen prägten: Landwirtschaft und Fischerei/Seefahrt. Da die ursprünglich ausschließlich betriebene Landwirtschaft auf den kargen Geestböden nicht sehr ertragreich war, mussten, je mehr Menschen man zu versorgen hatte, auch andere Erwerbszweige gefunden werden. Schon im Mittelalter spielte im küstennahen Raum die Schifffahrt eine große Rolle. Bauern fuhren selbst zur See, um ihre Produkte etwa in den heutigen Niederlanden zu verkaufen und von dort begehrte Güter wie Tuch und Wein zurückzubringen. Der Handel mit den Niederlanden blieb ein wichtiges Unternehmen bis in die frühe Neuzeit hinein.

Als Ende des 16. Jahrhunderts der bis dahin bedeutende Heringsfang durch Verlagerung der Heringsschwärme zu Ende ging, konnten sich die seeerfahrenen Friesen bald in der niederländischen (seit 1612) und hamburgischen (seit 1643) Grönlandfahrt zur Jagd auf Wale und Robben bewähren. Sowohl das nautische Personal als auch die Fachleute für die Jagd und Verarbeitung der Großsäuger kamen zu einem großen Teil aus Nordfriesland und brachten durch ihre Gewinnanteile und Löhne Reichtum ins Land. Auch in der übrigen Handelsschifffahrt fanden Friesen gute Verdienstmöglichkeiten. 1735 wurden die Nordfriesen von der Wehrpflicht befreit, um sich ganz der Schifffahrt widmen zu können. Zahlreiche Kapitäne und Steuermänner aus der Region verdingten sich bei Reedern in Dänemark und Norddeutschland.

Für die Landbevölkerung blieb die Landwirtschaft von entscheidender Bedeutung – und ist es auch heute noch. In wirtschaftlicher Hinsicht gelang es – trotz frühindustrieller Ansätze in Husum – nicht, den Sprung in das Industriezeitalter mit eigenen Produktionsstätten zu schaffen. Nordfriesland blieb ländlich – selbst nachdem die Eisenbahn von Hamburg über Elmshorn, Itzehoe, durch Dithmarschen und über die Eider bis in das heutige Dänemark (Hvidding) das Gebiet erschloss. Von dem Seebädertourismus profitierten zunächst nur die Inseln, nicht aber das Festland. Die Folge der Perspektivlosigkeit in der reinen Landwirtschaftsregion war eine starke Auswanderungsbewegung in den Ostteil der USA (New York) in der Zeit nach 1867. Den Anschluss an modernes Leben und eine entsprechende Landwirtschaft erreichte das Gros der Nordfriesen erst nach 1950, als mit Bundeshilfe die Infrastruktur des Landesteils nachhaltig verbessert wurde.

Zwischen Husum und Niebüll

Zentren hat das nordfriesische Festland mehrere. Auf der unteren Ebene sind es die Kirchorte, die seit der Christianisierung im 12. Jahrhundert – oftmals an Stellen ehemals heidnischer Kultstätten – entstanden. Sie blieben nicht selten in überraschend altertümlicher, nämlich romanischer und frühgotischer Bauweise erhalten. Allerdings sind die beiden älteren Hauptorte, Husum und Bredstedt, nicht um eigenständige Kirchengründungen entstanden, sondern aus Handelsbedürfnissen gewachsen. Bredstedt, der alte Zentralort der Nordergoesharde, gehörte bis 1510 zum Kirchspiel Breklum. Dann erst wurde die seit 1462 hier bestehende Kapelle zu einer Kirchspielskirche aufgewertet. Die Siedlung erhielt 1530 Marktrechte, doch wurde der Hafen durch die Koogsbedeichungen vor dem Geestrand im 17. und 18. Jahrhundert bedeutungslos – ein Versuch des dänischen Königs Christian IV., hier um 1618 einen leistungsfähigen Nordseehafen für den königlichen Anteil der Herzogtümer und Dänemark zu schaffen, scheiterte. Als Mittelpunkt der Landschaft Bredstedt hatte der Flecken dann vor allem Bedeutung als Verwaltungssitz und gewerbliches Zentrum. Als häufig gewählter Versammlungsort der Nordfriesen im Rahmen ihrer kulturellen Identitätssuche wurde er so wichtig, dass man hier 1964 das Nordfriisk Instituut gründete, das sich heute dank institutioneller Unterstützung durch das Land zu einem Kernpunkt nordfriesischer kultureller Aktivitäten entwickelt hat, wobei die Bewahrung der Minderheitensprache Friesisch einen Arbeitsschwerpunkt darstellt.

Auch Husum war seit dem Spätmittelalter eher ein Handelsplatz als ein Zentralort. Seit 1400 nahm die ältere Siedlung an Bedeutung zu – sie dürfte in funktionaler Hinsicht die Nachfolge des Hafenplatzes Rungholt auf der Insel Strand (1362 untergegangen) angetreten haben. Denn erst mit dieser Katastrophe entstand die Hever als ein bis an den Geestrand reichender Meeresarm. Bis 1431 gehörte Husum zum Kirchspiel Mildstedt und wies nur eine Kapelle auf, die dann zur Kirchspielskirche St. Marien aufgewertet wurde. Nach 1450 mit Fleckensrecht begabt, verlor der Ort seine Privilegien infolge seiner Verwicklung in einen Aufstand gegen den Landesherren im Jahre 1472. (Übrigens musste die dem Ort als Strafe auferlegte sogenannte »Rebellensteuer« bis 1878 bezahlt werden.) Trotz der rechtlichen Zurücksetzung erblühte Husum in der Folgezeit und vor allem im 16. Jahrhundert. 1576–1582 entstand das herzogliche Schloss auf den Fundamenten des niedergelegten Franziskanerklosters, 1603 erhielt Husum Stadtrecht. Einst beherbergte die Stadt herausragende Köpfe, so die beiden Männer, die 1652 die erste Landesbeschreibung der Herzogtümer herausgaben: der Bürgermeister Caspar Danckwerth und der Kartograph Johannes Mejer. Im 18. und

Husum, Krokusblüte im Schlosspark

Husum, Schloss

Trendhaus
April bis
9.00 - 17.00
IM MONAT
NORDERTOR
NORDERTOR

19. Jahrhundert verlor Husum an Bedeutung, obwohl zu dieser Zeit sein berühmtester Bürger hier aufwuchs, der Apothekersohn Theodor Storm, der für seine Heimat die poetische Umschreibung »graue Stadt am Meer« fomulierte. Das Stormhaus zeigt heute nicht nur eine Ausstellung über den Verfasser des »Schimmelreiters«, sondern dient auch der Forschung. Es lädt ebenso zu Besichtigungen ein wie das 1937 eingerichtete Nissenhaus – Nordfriesisches Museum und das erst 1987 eröffnete Schifffahrtsmuseum, das den Fund eines kompletten Küstenschiffs vom Ende des 17. Jahrhunderts vorweisen kann. Als Husum 1867 Kreisstadt wurde, förderte dies Handel, Gewerbe und Schiffsverkehr. Die bedeutenden Viehmärkte wiesen um 1900 etwa 100 000 Stück jährlichen Viehauftrieb auf. Heute ist Husum der zentrale Ort Nordfrieslands mit hoher touristischer Bedeutung. Ist schon allein die Anlage der alten Stadt mit der Hafenrandbebauung (kühner Rathausbau auf dem Gelände einer aufgegebenen Werft) und den Passagen zum Markt mit der 1829 eingeweihten klassizistischen Kirche sehenswert, so findet der Besucher zudem ein schönes Renaissance-Schlossensemble inmitten des Schlossgartens, der besonders im zeitigen Frühjahr mit einer herrlichen Krokusblüte überrascht.

Die Stadt Niebüll ist jung. Als Siedlung reicht sie in das Mittelalter zurück, doch erhielt sie erst 1729 eine eigene Kirche. 1920 zum Sitz der Verwaltung des Kreises Südtondern geworden, erlangte der Ort größere Bedeutung durch den Bau der Bahnstrecke nach Westerland (über den Hinden-

Hafen von Husum

Kirche in Schobüll

burgdamm 1927). Doch wurde Niebüll erst 1960 Stadt und stellt heute mit über 6 000 Einwohnern ein Handels- und Gewerbezentrum im ländlichen Raum dar.

Nur an einer Stelle reicht in ganz Schleswig-Holstein die Festlandsgeest unmittelbar an das Meeresufer, trennt kein Deich Meer und Hinterland: in Schobüll, unmittelbar nördlich von Husum gelegen. Die kleine Gemeinde beherbergt eine wunderschöne Kirche. Der frühgotische Backsteinbau aus dem 13. Jahrhundert hat eine reiche Ausstattung, zu der eine Triumphkreuzgruppe des späten 13. Jahrhunderts, ein Schnitzaltar von etwa 1470 und eine aufwendig geschnitzte Kanzel von 1735 gehört. Die Orgel ist durchaus hörenswert und wird – auch wegen der schönen Lage des Kirchleins am Steilufer – gern zu stimmungsvollen Konzerten selbst von bedeutenden auswärtigen Künstlern gespielt.

Emil Nolde und Seebüll

Seitdem in der Romantik die Landschaftsdarstellung – und zwar als komponierte Naturlandschaft – bei Malern in Mode kam, wurde auch Nordfriesland abgebildet. Die Weite am Meer, dazu der hohe, von mächtigen Wolkenformationen geprägte Himmel – das war für viele Anlass, sich in ihren Bildern mit diesen Eindrücken auseinanderzusetzen. Die Region selbst brachte mehrere bedeutende Künstler hervor: Namen wie Magnussen, Jessen und Feddersen verweisen direkt auf die regionale Herkunft; aber auch Eckener, Hablik und Wrage wählten oft Motive von Festland und Inseln für ihre Darstellungen. Der berühmteste Maler Nordfrieslands kam aus einem kleinen Dorf westlich von Tondern / Tønder mit dem Namen Nolde: Emil Hansen (1867 – 1956), der sich seit 1902 nach seinem Geburtsort nannte. Nach einer Lehre als Möbelzeichner und Schnitzer machte er sich 1898 als freischaffender Maler selbstständig. Als Mitglied der Künstlergruppe »Brücke« hielt er sich in Berlin auf, unternahm aber auch eine sehr lange Reise über China und Japan bis Neuguinea. Doch kehrte er bald wieder in seine Heimat zurück. 1916 erwarb er ein Bauernhaus in Nordschleswig, zog dann aber 1926 mit seiner Frau Ada auf die Warft Nordhülltoft bei Neukirchen südlich der deutsch-dänischen Grenze und ließ sein Wohn- und Arbeitshaus Seebüll nach eigenen wie eigenwilligen Entwürfen neu bauen. Hier malte er die meisten seiner expressionistischen Bilder, auch wenn er sich in den Wintern gern in Berlin aufhielt.

Nolde sympathisierte mit den Nationalsozialisten, doch diese wollten von seiner Kunst nichts wissen. 1937 rückten sie Teile seines Werkes in das Zentrum der Ausstellung »Entartete Kunst«. Etwa 1000 seiner Arbeiten wurden beschlagnahmt und ins Ausland verkauft, in schlimmeren Fällen verbrannt. Schließlich legte ihm das Regime 1941 ein Malverbot auf. Trotzdem schuf Nolde in dieser Phase mehr als 1300 kleinformatige Aquarelle, von ihm als »ungemalte Bilder« bezeichnet und heute oft als Höhepunkt seines künstlerischen Schaffens bezeichnet. Dieser Zeit hat der Schriftsteller Siegfried Lenz in seinem auch verfilmten Roman »Deutschstunde« ein literarisches Denkmal gesetzt.

1956 starb Emil Nolde in Seebüll. Nach seinem und seiner Frau Willen wurde der Gebäudekomplex in eine Stiftung eingebracht, die heute nicht nur Wechselausstellungen zeigt, sondern auch das Werk Noldes in aller Welt betreut. Das Museum ist ein Publikumsmagnet und zieht jährlich über 100 000 Besucher an.

Die nordfriesischen Inseln

Einen Spiegel des nordfriesischen Festlandes stellt die Inselwelt dar: auch hier gibt es Geest und Marsch, auch hier wurden Deiche gebaut und Köge gewonnen, auch hier findet man magere und fette Böden. Doch hat diese Inselwelt, allzumal für Festlandsbewohner, die nicht von der Küste kommen, einen ganz besonderen Reiz. Und was früher einmal ein Nachteil war – wie auf den Geestinseln Sylt, Amrum und Föhr –, gerät unter Bedingungen des Tourismus der Neuzeit zu Standortvorteilen: Ließen sich Sandböden für die Landwirtschaft kaum oder nur mit sehr geringen Erträgen nutzen und stellten Dünen mit Flugsand eine dauernde Gefahr für das menschliche Überleben dar, so haben die Sandinseln heute die viel gefragten Strände mit herrlich weißem Sand und wunderschöner Dünenkulisse. Marsch- und Geestinsel weisen eine etwas andere Verteilung als die Festlandszonen auf: Im Nordwesten vor dem Wattenmeer liegen Sylt, Amrum und Föhr; im Südosten Pellworm und Nordstrand.

Die Marschinseln

Heute gibt es an der Stelle, an der bis 1362 die große Insel Strand lag, zwei Inseln: Pellworm im Westen und Nordstrand im Osten. Der große Strand wurde in einer Extrem-Sturmflut, welche die Chronistik des Mittelalters »grote mandrenke« (Große Menschenertränkung) nannte, zerrissen. Der sagenumwobene Ort Rungholt lag hier. Seine Bewohner sollen so stolz gewesen sein, dass sie dem Meer ein höhnisches »Trutz, blanke Hans!« entgegenschleuderten, ganz im Bewusstsein ihres Reichtums und ihrer Schutzdeiche. Doch ihre Hoffahrt wurde bitter bestraft. Diese Sage ist eine spätere Sinngebung der schrecklichen Katastrophe, hat aber mit der Realität des 14. Jahrhunderts wenig zu tun. Die Inselfriesen hatten dem Meer sozusagen zugearbeitet: Durch Abbau der Hochmoore auf dem alten Strand und die Verarbeitung des so gewonnenen Salztorfs zu im ganzen nördlichen Ostseeraum gehandelten Friesensalz schwächten sie die Widerstandskraft der Inselmasse und öffneten so dem Ansturm des Meeres große Einfallstore. Über die tatsächlichen Schäden weiß man nur wenig – aber um die 30 Kirchen mit ihren Kirchspielen dürften ein Opfer der Fluten geworden sein. Zurück blieben Pellworm und Alt-Nordstrand.

Doch schon 1634 riss eine zweite große Sturmflut die Inselwelt erneut in eine Katastrophe. Jetzt wurde Pellworm fast völlig zerstört und Alt-Nordstrand stark dezimiert. So schwer waren die Verluste an Menschen (allein auf Alt-Nordstrand über 6 000 Tote), Vieh, Land und Gebäuden, dass auf Nordstrand die Kraft zur eigenständigen Wieder-

Seiten 46/47:
Alte Kirche am Deich auf der Insel Pellworm, im Hintergrund links die Halligen

bedeichung fehlte. Erst 1652 gelang es dem Landesherren, niederländische Unternehmer für die Neubedeichung zu gewinnen, indem er ihnen umfangreiche Privilegien einräumte. Die Pellwormer schafften es bis 1690 aus eigenen Mitteln, ihre Insel durch Anlegung von insgesamt zehn neuen Kögen zu sichern. Noch 1792 und 1825 von Sturmfluten schwer getroffen, hat sich die Lage der Inselbevölkerung erst im 19. Jahrhundert dauerhaft stabilisiert.

Die beiden Inselkirchen (Alte und Neue Kirche) bieten interessante Architektur: Die Alte, St. Salvator, stammt im Kern aus dem 12. Jahrhundert und hat westlich vorgelagert die monumentalen Reste eines gotischen Turmes, der seit 1611 nur noch Ruine ist, während die Neue aus einer Privatkapelle hervorging und erst 1622 Pfarrkirche wurde.

Heute ist die östliche der beiden Inseln nach der Durchdeichung der Nordstrander Bucht zu einer Halbinsel geworden, bereits 1935 war sie durch einen Straßendamm mit dem Festland verbunden worden war. Pellworm ist durch die Norderhever, einen Wattstrom, von Nordstrand getrennt. Beide Inseln eignen sich aufgrund ihres Marschbodens besonders gut für die Landwirtschaft und diese ist hier auch dominant – natürlich überlagert vom sommerlichen Tourismus.

Die Geestinseln

Anders als die Marschinseln gehören die drei Geestinseln Sylt, Amrum und Föhr (alle haben übrigens auch kleine Marschanteile) zu dem Geestrücken Jütlands. Auf Sylt, der größten Nordseeinsel Deutschlands, ist an wenigstens zwei prominenten Stellen mit Steilküsten (Rotes und Weißes Kliff) der Aufbau des Untergrundes gut abzulesen. Wie ein Wellenbrecher liegt die 40 Kilometer langgestreckte Insel vor dem Wattenmeer – und wird alljährlich von der Nordsee benagt. Nur Buhnenbau und Sandvorspülungen retten gegenwärtig den Zusammenhang der Hörnumer Südspitze (Hörnumodde) mit dem sonstigen Inselkörper.

Während bis in die Neuzeit hinein die Inseln alle nur kärgliches Auskommen für ihre Bewohner boten, konnte auch hier die männliche Bevölkerung als nautische und Walfangspezialisten seit dem späten 17. Jahrhundert auf niederländischen und dann Hamburger Schiffen sehr gutes Geld verdienen. Zum Glück setzte mit dem Ende der Arktisfahrt auf Wale und Robben der Tourismus ein und brachte Geld auf die kargen Eilande. 1859 wurde Westerland Seebad. Trotzdem blieb Sylt schwer erreichbar, bis 1927 der Hindenburgdamm und damit eine Eisenbahnverbindung zum Festland fertig gestellt wurde. Nun konnte man von Hamburg aus die Insel leicht erreichen – und seitdem auch Autos per Bahn transportiert werden, ist die Insel hoch motorisiert (im Jahr 2000 wurden mehr als 500 000 Autos über den Damm transportiert). Trotz der massiven Ausweitung des Tourismus hat Sylt zahlreiche Rückzugsgebiete; und wenn man von Westerland-»City« absieht, kann man vielerorts das Bemühen um der Landschaft angepasstes Bauen mit Friesenhäusern und Reetdächern erkennen. In einem jün-

Biikebrennen auf der Insel Sylt, mit dem jedes Jahr am 21. Februar der Winter »ausgebrannt« wird

Dünen am Strand bei Rantum, Insel Sylt

Blidselbucht, Insel Sylt

Leuchtturm Rotes Kliff bei Kampen, Insel Sylt

Ellenbogen und Leuchtturm List, Insel Sylt

geren Friesenhaus ist auch das Museum der Insel untergebracht – in Keitum, einem geschützt an der Wattseite liegenden, besonders idyllischen Ort, der auch aufgrund seines alten Baumbestandes zum Sehenswertesten gehört, das die deutsche Nordseeküste zu bieten hat. Noch berühmter ist Kampen, das nicht nur illustre Gäste – von Thomas Mann über Ernst Rowohlt bis zu Brigitte Bardot – beherbergte, sondern auch einen der frühsten FKK-Plätze Deutschlands bot. Eine ganz neue Baustruktur brachte die starke Belegung der Insel mit Einheiten der Luftwaffe in den 30er und 40er Jahren des vergangenen Jahrhunderts mit sich (Fliegerhorste Keitum und Hörnum), wo heute noch Reste der Rollfelder, Kasernenanlagen und Kasinos zu erkennen sind. Hingegen sind die bis in die 60er Jahre noch sichtbaren Bunkerreste des Atlantikwalls durchweg beseitigt.

Anders, ruhiger als das teilweise mondäne Sylt ist Amrum, das erst 1890 nach Anlage des Fährhafens Wittdün Seebad wurde. Wer diese »wildeste« der nordfriesischen Inseln besuchen will, benötigt dafür eine lange Fährfahrt – für hastige Kurzurlauber ist das schon einmal nichts. Auch Amrum weist noch viele Elemente der wirtschaftlichen Blütezeit auf, als vor allem im 18. Jahrhundert Kapitäne, Steuerleute, Harpuniere und Speckschneider von ihren sommerlichen Arbeitseinsätzen gutes Geld, holländische Fliesen und Wandteppiche, hamburgisches Mobiliar und Keramik aus verschiedenen Teilen Europas hierher brachten. Der Inselfriedhof im Kirchort Nebel zeigt noch heute eine stattliche Anzahl von »erzählenden« Grabsteinen dieser Periode, darunter auch den des aus tunesischer Sklaverei wieder freigekommenen Hark Olufs. Für den Tourismus sind die breiten Dünenketten und der bis zu einem Kilometer breite Weststrand, der Kniepsand, ideal. Die Aufforstungen zur Verhinderung von Sandflug aus dem Dünenareal stammen vom Ende des 19. Jahrhunderts, das heutige Waldgebiet trägt zum eigentümlichen Charakter der Insel nicht wenig bei. Wer Amrum als Urlaubsinsel wählt, kann sicher sein, dass er hier keine Hektik, sondern vor allem beschauliche Ruhe findet. Das in der 1771 erbauten Mühle von Nebel untergebrachte Heimatmuseum bietet Einblicke in die Geschichte der Insel, desgleichen das Öömrang Hüs, ein altes Friesenhaus, in dem noch die alte Einrichtung besichtigt werden kann.

Föhr ist die Familieninsel. Auch sie ist nur mit einer Fähre von Dagebüll aus zu erreichen, aber auf den ersten Blick ganz überwiegend von Landwirtschaft geprägt (wenngleich der Tourismus der bedeutendste Wirtschaftszweig ist). Auch hier war – wie auf den Friedhöfen anhand zahlreicher Grabsteine des 18. Jahrhunderts erkennbar – die Schifffahrt einst bedeutendste Einnahmequelle. Doch wurde Wyk schon 1819 als Seebad gegründet und läutete damit die Wende ein. Das Heilklima führte am Ende des 19. Jahrhunderts zu zahlreichen Kurklinikgründungen – insbesondere um Atemwegs- und Hauterkrankungen zu heilen. Das Wasser um die Insel und vor allem zwischen Föhr und Amrum ist nicht besonders tief sowie zumeist ruhig, was auch Badespaß für die ganz Kleinen bedeutet. Kleine Orte wie das idyllische

Dünen am Kniepsand, Insel Amrum

Strandflieder auf der Hallig Gröde-Appelland

Nieblum mit seinen reetgedeckten Häusern laden zum Verweilen ein. Zwei Museen – in Oevenum und Wyk – können besichtigt werden, um etwas mehr von der Geschichte kennenzulernen; das Wyker Häberlin-Friesenmuseum geht auf eine Sammlung des Badearztes und Föhr-Liebhabers Carl Häberlin zurück, nach dem auch eine der schönsten Straßen der Kleinstadt benannt wurde, die durch kleine Spitzgiebelhäuser geprägt ist.

Die Halligen

Überreste einst größerer, durch die zahlreichen Sturmfluten zerrissener Marschinseln sind die Halligen, die eine ganz eigene kleine Welt bilden. Zehn unterschiedlich große dieser Eilande sind erhalten geblieben und werden heute mehr als je zuvor gehegt, geschützt und gepflegt: Nordermarsch-Langeness, Oland, Gröde-Appelland, Habel, Hooge, Hamburger Hallig (seit 1854 landfest), Norderoog, Süderoog, Südfall und Nordstrandischmoor. Auf diesen Inselchen leben die nur wenigen Menschen ohne Deichschutz, bei Hochwässern und Sturmfluten allein durch die Höhe ihrer Hauswurten (Warften) geschützt, die auch das Regenwasserreservoir, den Fething, tragen. Schlimme Fluten haben den Halligen zugesetzt, so jene des Februar 1825, als 74 Menschen ertranken sowie von 339 Häusern 70 vernichtet und 233 unbewohnbar wurden. Manchmal hat man daran gedacht, diese Außenposten menschlicher Siedlung aufzugeben, doch immer siegte Heimatliebe und Verbundenheit der Bewohner mit dem einzigartigen Lebensraum. Heute haben alle Halligen Süßwasser- und Elektrizitätsversorgung. Die Post kommt regelmäßig – und selbst für die sehr wenigen Kinder gibt es Schule und Lehrer.

Einen guten Eindruck von der Wohnkultur der zu Reichtum gekommenen nordfriesischen Kapitäne gibt der Königspesel auf Hallig Hooge, der 1776 gebaut und ausgestattet wurde. Wer mit der Fähre von Dagebüll nach Wyk auf Föhr oder Amrum reist, ist von den aus dem Dunst auftauchenden Eilanden fasziniert: Wie überdimensionierte Archen Noahs scheinen sie durchs Wattenmeer zu treiben.

Die Vogelwelt

Ganz außergewöhnlich ist die reiche Vogelwelt der Inseln. Wer sich etwas abseits der Hauptwanderwege bewegt, wird bemerken, dass nicht nur die allgegenwärtigen Möwen, sondern sehr viele weitere Vogelarten unüberhörbar präsent sind. Sie sind oftmals an Menschen schon so gewöhnt, dass sie eine nur ganz geringe Fluchtdistanz einhalten. Überdies ist der Raum des Wattenmeeres für viele Zugvögel ein wichtiges Rast- und Erholungsgebiet. Das führte übrigens seit dem 18. Jahrhundert zur Anlage von sogenannten Vogelkojen, in denen von August bis zum Wintereinbruch Wildenten in enormen Mengen (bis zu 40 000 Stück jährlich) gefangen und zum Verzehr getötet wurden. Auf Amrum und Sylt (Kampen) haben sich solche Anlagen erhalten und können besichtigt werden.

Wirtschaftliche Entwicklungen, die stark auf den Tourismus abzielen, tragen leider einen Januskopf. Einerseits er-

Alpenstrandläufer am Strand von Amrum

lauben sie den Einheimischen, mit ihren ansonsten kargen Möglichkeiten Geld zu verdienen und einen angemessenen Lebensstandard zu halten. Andererseits stellt jede Form von umfangreichem Tourismus eine starke Beeinträchtigung des Lebensraumes Wattenmeer und Inseln dar. Wer sich heute auf Sylt umsieht oder Föhr besucht, der wird leicht ermessen können, was Ferienhausbau, Autoverkehr und massenhaftes Begehen selbst schützenswerter Naturräume bedeutet. Watt- und Dünenwanderungen sind eben nicht nur erholsam und schön, sondern beeinträchtigen stets auch die Tier- und Pflanzenwelt. Selbst die Lenkung der Besucher auf schonende Nutzung der Ressource Naturraum steht immer in diesem Dilemma – nie wird sich selbst sanfter Tourismus völlig in den Dienst des Naturschutzes stellen lassen. Doch kommt es darauf an, die Schäden so klein wie möglich zu halten. Und da sind sich die meisten Beteiligten ihrer Verantwortung gegenüber der Natur und den nachfolgenden Generationen durchaus bewusst.

Helgoland

Eine Besonderheit stellt die Felseninsel Helgoland dar. Sie verdankt ihr Dasein nicht denselben Vorgängen, die Geest und Marsch entstehen ließen, sondern ungleich älteren erdgeschichtlichen Prozessen. Denn der weithin sichtbare hohe rote Buntsandsteinfelsen wurde durch den Druck tieferliegender Salzstöcke an die Erdoberfläche getragen. Politisch gehört Helgoland zum vor den Toren Hamburgs liegenden Kreis Pinneberg, war aber bis 1807 ein Teil des Herzogtums Schleswig. Seine Bewohner sind Inselfriesen.

Austernfischer im Watt bei der Insel Amrum

Als Vorposten nahmen die Engländer während der Kontinentalsperre zu Beginn des 19. Jahrhunderts die Insel 1807 in Besitz. Das Deutsche Reich erwarb sie erst 1890 im Tausch gegen die Halbkolonie Sansibar. Hier sollte der deutsche Traum einer auf Hochseeflotten gestützten Weltpolitik (gerichtet gegen England) einen seiner wichtigsten Pfeiler bekommen. So wurde die seit 1826 als Seebad langsam bekannt gewordene Insel zu einem Marinestützpunkt ausgebaut. Die Helgoländer, die als Fischer und Lotsen ihr Geld verdient hatten, konzentrierten sich in steigendem Maße auf die Tagesgäste, die mit relativ schnellen Dampfschiffen von Cuxhaven aus hierher kommen konnten. Bis zu 30000 Gäste jährlich wurden hier bereits vor dem 1. Weltkrieg gezählt. Als der losgetreten wurde, mussten alle Zivilisten die Insel verlassen. In den 20er Jahren kehrte Normalität ein, doch führte der seit 1935 betriebene weitere Ausbau zum Flottenstützpunkt während des 2. Weltkrieges zu mehreren schweren Bombenangriffen, die im April 1945 alle Häuser zerstörten. Die englische Besatzungsmacht vertrieb die Helgoländer aus ihrer Heimat. Der Versuch, die Insel mit über 7000 Tonnen Altmunition auseinanderzusprengen, misslang zum Glück. Nach zähem Ringen durften 1952 die Bewohner zurückkehren und den Wiederaufbau einleiten.

Heute gehört Helgoland mit Ober- und Unterland sowie der Düne zu den beliebtesten Tagesausflugszielen an der

deutschen Nordseeküste. Die Seebäderschiffe von Hamburg, Cuxhaven, Büsum oder Hörnum legen vormittags in rascher Folge an und werden von den Börtebooten der Helgoländer geleert. Der Aufenthalt dauert nur wenige Stunden – und schon geht es zurück. Tritt man sich während des Tages vor allem im Unterland auf die Füße, so kehrt nach Abfahrt des letzten Schiffes eine beschauliche Ruhe ein. Nicht wenige Urlauber schätzen die Erholung auf der außer Sichtweite vom Festland liegenden Insel und nehmen dafür den Tagestrubel (etwa auf der abseits liegenden Düne) in Kauf.

Die schleswig-holsteinische Nordseeküste stellt eine sehr abwechslungsreiche Region dar. Marsch und Geest, ja sogar Felsenformationen gibt es hier, Wattensaum und breite Sandstrände, Kliffs und grüne Schafweiden bis an das Meer. Die Städte und größeren Orte haben eine wechselvolle und oft lange Geschichte. Mit wenigen Ausnahmen waren die Küstenzonen lange keine besonders begünstigten Landschaften. Marschlandwirtschaft in Dithmarschen, Viehfettgräsung auf Eiderstedt und arktische Seefahrt der Spezialisten von den nordfriesischen Inseln stellten in vergangenen Jahrhunderten die Lichtpunkte in einem Meer von geringen Verdienstmöglichkeiten und verbreiteter Armut dar. Auch heute wären die wirtschaftlichen Strukturbedingungen in dem von gewerblichen und kommerziellen Zentren weit entfernten Gebiet eher skeptisch zu beurteilen … böte nicht der seit gut 150 Jahren eingeführte Tourismus eine gute Verdienstmöglichkeit. Solange der Weststrand auf Sylt, der Kniepsand auf Amrum, die Flachküste vor Föhr, der Sandstrand von St. Peter-Ording und die Wattküsten von Büsum wie Friedrichskoog sich mit einem Hinterland verbinden, das zahlreiche Attraktionen in Form von schöner Landschaft, musealen Installationen, alten Bauern- und Bürgerhäusern sowie Ehrfurcht gebietenden Kirchen bereithält, wird die Konkurrenz im europäischen und weltweiten Ausland nicht allzu abwerbend wirksam werden. Die Landschaft hat ihren eigenen Reiz – und der Autoaufkleber: »Seit 38 Jahren Urlaub auf Amrum!« ist ja mehr als eine Trotzreaktion, sondern das Bekenntnis zu einem besonderen Ferienziel.

»Lange Anna«, Insel Helgoland

Links: Haustür in Nieblum, Insel Föhr

Titelbild: Dünen und Leuchtturm, Insel Amrum

Seite 2: Westerhever Leuchtturm

Rücktitel: Friesenhaus bei Westerhever

Bibliographische Information Der Deutschen Bibliothek:
Die Deutsche Bibliothek verzeichnet diese Publikation in der Deutschen Nationalbibliographie; detaillierte bibliographische Daten sind im Internet über http//dnb.ddb.de abrufbar.

Lagerstraße 7, 18055 Rostock
Tel. 03 81 / 49 69 – 0
Internet: http://www.hinstorff.de

Weitere Informationen zu und Bilder von Thomas Grundner:
www.foto-grundner.de

1. Auflage 2007
Herstellung: Hinstorff Verlag GmbH
Lektorat: Thomas Gallien
Karte: Peter Kast, Ing. Büro für Kartografie, Schwerin
Druck und Bindung: Westermann Druck Zwickau GmbH
Printed in Germany
ISBN 978-3-356-01184-5